LA CARRERA PARA COLONIZAR EL NUEVO MUNDO

T0136945

Christina Hill, M.A.

Asesores

Katie Blomquist, Ed.S.
Escuelas Públicas del Condado de Fairfax

Nicholas Baker, Ed.D.
Supervisor de currículo e instrucción
Distrito Escolar Colonial, DE

Créditos de publicación

Rachelle Cracchiolo, M.S.Ed., *Editora comercial*
Conni Medina, M.A.Ed., *Redactora jefa*
Emily R. Smith, M.A.Ed., *Realizadora de la serie*
Diana Kenney, M.A.Ed., NBCT, *Directora de contenido*
Caroline Gasca, M.S.Ed., *Editora superior*
Johnson Nguyen, *Diseñador multimedia*
Lynette Ordonez, *Editora*
Sam Morales, M.A., *Editor asociado*
Jill Malcolm, *Diseñadora gráfica básica*

Créditos de imágenes: portada, págs.1, 12–13 U.S. Capitol/Flickr.com; págs.2–3, 5, 9, 14–15, 25, 28–29, contraportada North Wind Picture Archives; págs.4–5, 17, 25, 27 Wikimedia Commons/Dominio público; págs.6–7, 16, 20–21, 22–23, 32 Granger, NYC; pág.7 Flickr.com/Dominio público; págs.10–11 Lebrecht Music and Arts Photo Library/Alamy; pág.11 Ji-Elle/Wikimedia Commons; todas las demás imágenes cortesía de iStock y/o Shutterstock.

Library of Congress Cataloging-in-Publication Data

Names: Hill, Christina, author.
Title: La carrera para colonizar el nuevo mundo / Christina Hill.
Other titles: Racing to colonize the new world. Spanish
Description: Huntington Beach : Teacher Created Materials, 2020. | Includes
  index. | Audience: Grade 4 to 6 | Summary: "European explorers were
  anxious for new trade routes. They discovered two continents previously
  unknown to them. But the land was already home to many American
  Indians.
  Settlers followed the explorers in search of wealth and freedom. They
  founded new colonies that grew and prospered--often at the expense of
  the native people and countless others who were forced into slavery"--
  Provided by publisher.
Identifiers: LCCN 2019014754 (print) | LCCN 2019981437 (ebook) | ISBN
  9780743913508 (paperback) | ISBN 9780743913515 (ebook)
Subjects: LCSH: America--Discovery and exploration--European--Juvenile
  literature.
Classification: LCC E121 .H5518 2020 (print) | LCC E121 (ebook) | DDC
  970.01/8--dc23
LC record available at https://lccn.loc.gov/2019014754
LC ebook record available at https://lccn.loc.gov/2019981437

Teacher Created Materials
5301 Oceanus Drive
Huntington Beach, CA 92649-1030
www.tcmpub.com

ISBN 978-0-7439-1350-8

Contenido

El descubrimiento del Nuevo Mundo

Hubo un tiempo en el que los mapas del mundo eran incorrectos e incompletos. Los valientes **exploradores** se paraban en las costas de Europa. Contemplaban el océano con la esperanza de descubrir nuevas tierras. En el siglo xv, se inventaron nuevos instrumentos. Por lo tanto, se pudo viajar más lejos con mejores mapas y barcos más veloces. Sus sueños de descubrimiento y fama se estaban por hacer realidad.

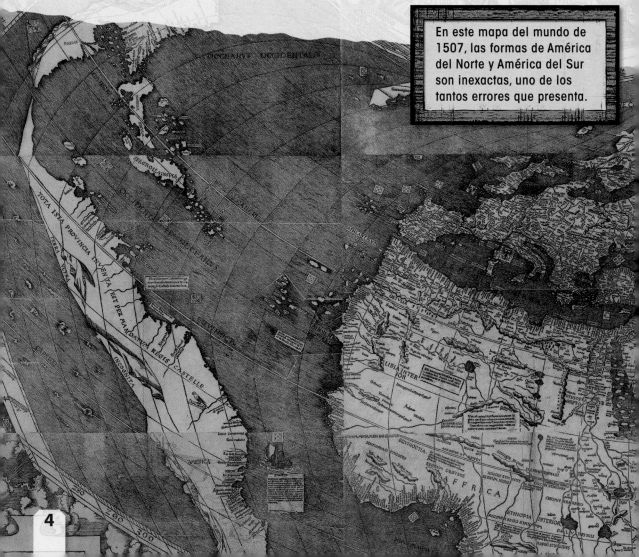

En este mapa del mundo de 1507, las formas de América del Norte y América del Sur son inexactas, uno de los tantos errores que presenta.

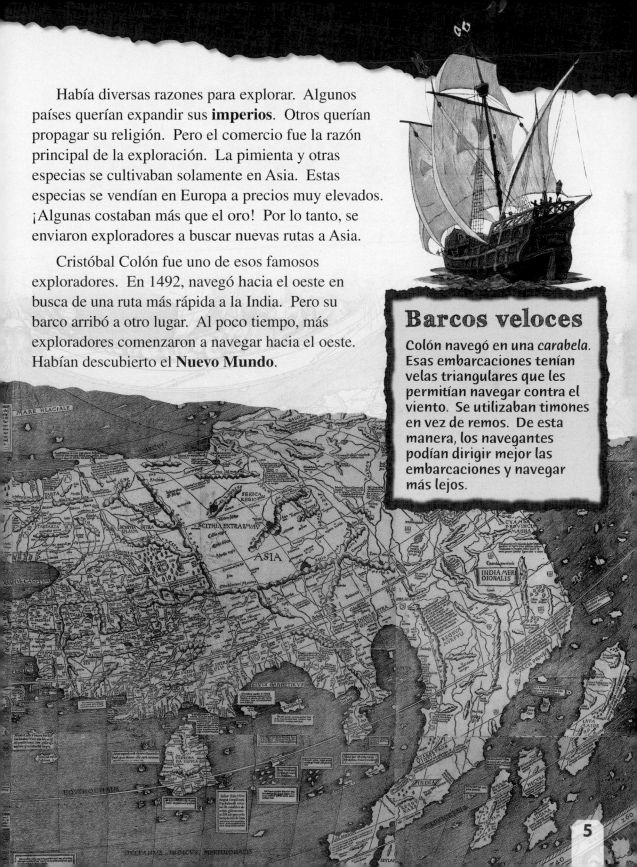

Había diversas razones para explorar. Algunos países querían expandir sus **imperios**. Otros querían propagar su religión. Pero el comercio fue la razón principal de la exploración. La pimienta y otras especias se cultivaban solamente en Asia. Estas especias se vendían en Europa a precios muy elevados. ¡Algunas costaban más que el oro! Por lo tanto, se enviaron exploradores a buscar nuevas rutas a Asia.

Cristóbal Colón fue uno de esos famosos exploradores. En 1492, navegó hacia el oeste en busca de una ruta más rápida a la India. Pero su barco arribó a otro lugar. Al poco tiempo, más exploradores comenzaron a navegar hacia el oeste. Habían descubierto el **Nuevo Mundo**.

Barcos veloces

Colón navegó en una *carabela*. Esas embarcaciones tenían velas triangulares que les permitían navegar contra el viento. Se utilizaban timones en vez de remos. De esta manera, los navegantes podían dirigir mejor las embarcaciones y navegar más lejos.

La fundación de las colonias

Al poco tiempo, los exploradores volvieron a casa con historias de sus viajes por el Nuevo Mundo. Al principio, se creía que el Nuevo Mundo era parte de Asia, pero había quienes sabían que esas tierras eran un lugar nuevo para ellos.

Américo Vespucio era explorador. Se dio cuenta de que el Nuevo Mundo era en realidad dos **continentes** inexplorados. Entonces, se trazaron nuevos mapas. En esos mapas, el mundo se representaba con imágenes más precisas. Un cartógrafo decidió nombrar la nueva tierra en honor a Américo. La llamó América. Pero América era nueva nada más que para los europeos. Los indígenas americanos habían vivido allí durante miles de años.

Américo Vespucio

Dibujar monstruos

Un cartógrafo es una persona que hace mapas. Hace mucho tiempo, era una tarea muy difícil. Los mapas solían tener grandes espacios en blanco que representaban tierras inexploradas. A veces, los cartógrafos agregaban dibujos de monstruos marinos junto a los lugares que creían peligrosos.

Vespucio y su tripulación desembarcan en América del Sur.

Se veía al Nuevo Mundo como una tierra de oportunidades. Era enorme y tenía muchos **recursos**. Algunos países querían más riqueza y poder. Querían establecer **colonias** en la nueva tierra. Una colonia es una región controlada por un país que está lejos. Los habitantes de la colonia están gobernados por ese país. A veces, a ese país se lo llama *madre patria*. Con las nuevas colonias, los países expandieron sus imperios. Pero ¿qué países serían los primeros en establecer sus colonias? ¡La carrera había comenzado!

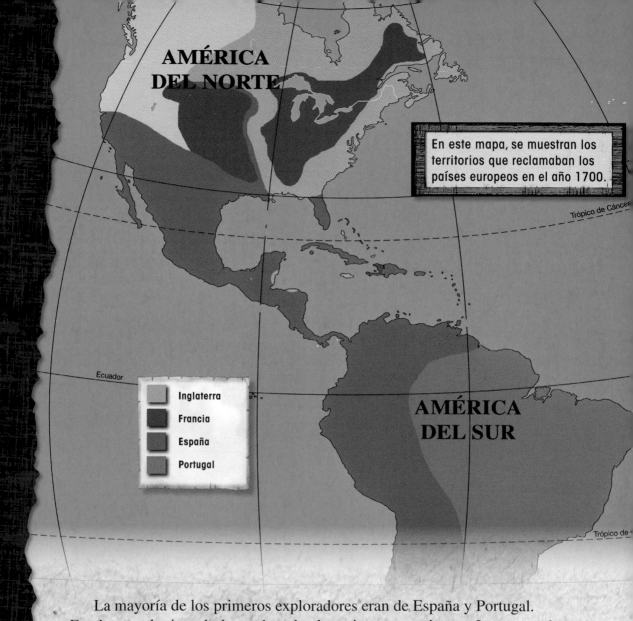

AMÉRICA
DEL NORTE

En este mapa, se muestran los territorios que reclamaban los países europeos en el año 1700.

Trópico de Cáncer

Ecuador

Inglaterra
Francia
España
Portugal

AMÉRICA
DEL SUR

Trópico de

La mayoría de los primeros exploradores eran de España y Portugal. Fundaron colonias a lo largo de todo el continente americano. Los españoles se apoderaron de la mayoría de las rutas comerciales del sur en el Nuevo Mundo. Descubrieron oro y plata, y obtuvieron cada vez más poder y control.

Otros países quisieron participar en la carrera y establecer sus propias colonias. Decidieron dirigirse hacia el norte para evitar cruzarse con España. Francia reclamó territorios en lo que actualmente es Estados Unidos y Canadá. Los neerlandeses se asentaron en lo que hoy es Nueva York. Los suecos también reclamaron territorios. Los ingleses fueron los últimos en colonizar. Fundaron 13 colonias en la costa este de América del Norte. También ocuparon territorios en lo que hoy es Canadá.

Pero la carrera para establecer colonias no fue pacífica. Los ingleses enviaban barcos para robar el oro de las embarcaciones españolas. España envió barcos a atacar a Inglaterra, pero perdió la batalla y el control de las rutas comerciales. Francia e Inglaterra se enfrentaron por el dominio de América del Norte. Esto causó varias guerras, incluida la guerra de los Siete Años. Inglaterra ganó y obtuvo el control de gran parte del territorio. Sin embargo, los europeos siguieron peleando por territorios en el Nuevo Mundo durante muchos años.

Barcos ingleses atacan a los españoles en 1588.

aldea inca

Los primeros pueblos

Los europeos estaban ansiosos por explorar el Nuevo Mundo. Cuando llegaron, se encontraron con una tierra llena de oportunidades. Había **cultivos** y animales nuevos. Había campos extensos. Comenzaron a reclamar tierras en nombre de sus países. Pero había un problema: ya había personas viviendo allí.

Los indígenas americanos habían llegado al Nuevo Mundo miles de años antes. Partieron de Asia y viajaron hacia el este. Viajaron a pie y en embarcaciones. Con el tiempo, se asentaron a lo largo de todo el continente americano.

Algunas **tribus**, como los incas y los aztecas, construyeron grandes imperios. Los incas vivían en América del Sur. Los aztecas controlaban la mayor parte de lo que hoy en día es México. Había otras tribus más pequeñas. Algunas vivían en un lugar fijo. Otras eran **nómadas**. Muchas tribus comerciaban y compartían la tierra con otras tribus. Pero algunas estaban en guerra. Cada tribu hablaba un idioma diferente. También tenían distintas creencias espirituales. Había muchas personas en el Nuevo Mundo con estilos de vida diferentes.

La serpiente emplumada

Los aztecas creían en muchos dioses.
Quetzalcóatl era un dios poderoso
que era en parte ave y en parte
serpiente. Los aztecas creían que era
el dios del aprendizaje, la escritura y
los libros. Creían que los protegía.

escultura en piedra
de Quetzalcóatl

Colón desembarca en el Caribe en 1492.

Cuando Colón desembarcó en el Nuevo Mundo, pensó que había llegado a la India. Llamó a esas tierras las Indias Occidentales. Y llamó indios a quienes vivían allí. El nombre perduró durante cientos de años. Hoy en día, se los llama indígenas americanos.

Los primeros encuentros entre los europeos y los indígenas americanos fueron tensos pero pacíficos. Los dos grupos sentían curiosidad el uno por el otro. Se vestían diferente. Hablaban idiomas diferentes. También tenían creencias diferentes. A cada grupo le parecía **desconcertante** el estilo de vida del otro.

Los países europeos enviaron **colonos** a vivir en el Nuevo Mundo. Al principio, algunos intentaron llevarse bien con las tribus locales. Algunas tribus incluso les enseñaron a los colonos a plantar cultivos nuevos. Los colonos esperaban ganar dinero si lograban convivir en paz. Pero la paz no duró.

Los españoles atacan a los aztecas en 1520.

Algunos colonos europeos llegaron al Nuevo Mundo para ganar dinero trabajando la tierra. Otros vinieron a practicar libremente su religión. Y otros vinieron en busca de tierras. Muchos colonos eran pobres. No poseían tierras en Europa. Les habían prometido tierras gratis si venían al Nuevo Mundo. Los colonos empezaron a llegar en grandes cantidades. Talaron árboles para establecer granjas y construir ciudades. Ocuparon cada vez más territorios. Echaron a los indígenas de sus tierras por la fuerza. Surgieron conflictos entre los dos grupos.

Los españoles fueron a América Central y América del Sur en busca de riquezas y para propagar su religión. Pero no enviaron a muchos colonos. Y no intentaron convivir en paz con las tribus locales. Los exploradores españoles sabían que podían obtener dinero y poder si tomaban el control de los imperios inca y azteca. Por lo tanto, invadieron y destruyeron sus ciudades. Eso causó la trágica caída de dos poderosas **civilizaciones**.

Machu Picchu

Los incas construyeron increíbles estructuras de piedra. Machu Picchu es un sitio sagrado construido en la cordillera de los Andes. Los invasores españoles no encontraron esta ciudad oculta a casi 8,000 pies (2,400 metros) sobre el nivel del mar. Hoy en día, muchas personas viajan a Perú para conocerla.

El intercambio colombino

El **Viejo Mundo** y el Nuevo Mundo se unieron con la llegada de Colón. A partir de ese momento, empezó un proceso de intercambio de cosas nuevas. Este proceso se conoce como el **intercambio colombino**. Se intercambiaron plantas, animales e ideas. El intercambio cambió para siempre la vida en los dos mundos.

Ingleses comercian con indígenas en 1602.

Indígenas cazan búfalos a caballo.

Los colonos europeos no sabían qué esperar del Nuevo Mundo. Por lo tanto, trajeron muchas cosas con ellos. Trajeron semillas de plantas para cultivar. Trajeron caña de azúcar, café, trigo y arroz. También trajeron animales, como caballos y ganado. Los indígenas americanos nunca habían visto esas plantas ni esos animales. Aprendieron a usar caballos para trabajar. Se volvieron mejores cazadores cuando empezaron a montar a caballo para perseguir a sus presas. Los europeos también trajeron armas, como espadas y armas de fuego. Y eso cambió la manera de luchar en las guerras en el Nuevo Mundo.

Semillas secretas

En Brasil se cultiva más café que en ningún otro país. Pero el café no es una planta originaria de América del Sur. Hace mucho tiempo, los portugueses querían plantar café en el Nuevo Mundo. Pero Francia no les daba semillas. Sin embargo, la esposa del gobernador francés les dio semillas a los portugueses en secreto. Esas semillas se plantaron en Brasil. ¡Y el resto ya lo conoces!

cacahuate

pavos

calabazas

calabacines

batatas

tabaco

pimientos

piñas

cacao

cítricos

cebollas

aceitunas

El Nuevo Mundo también tenía cultivos y animales para compartir. En la tierra, vagaban los pavos salvajes. Las tribus cultivaban maíz, papas, calabazas y tomates. También introdujeron el chocolate y los cacahuates en el Viejo Mundo. Cuando las personas viajaban entre los dos mundos, llevaban con ellas estos nuevos cultivos.

papas

tomates

maíz

frijoles

vainilla

caña de azúcar

plátanos

arroz

ganado

trigo

duraznos

granos de café

nabos

Este intercambio modificó la alimentación en todo el mundo. Al principio, los europeos desconfiaban de los nuevos cultivos. Pero esto cambió con el tiempo. Los alimentos del Nuevo Mundo se hicieron populares. Los italianos ahora usan el tomate en muchas comidas. Se comen papas en todo el mundo. Muchos africanos cocinan con cacahuates y batatas. Y ahora se cultivan piñas en la India.

El comercio aumentó y se ganaba dinero con estos nuevos cultivos. Al principio, el intercambio de plantas, animales e ideas parecía beneficioso para todos. Pero también tuvo consecuencias negativas.

Con el tiempo, el intercambio entre los dos mundos también tuvo efectos nocivos. Los países luchaban por el derecho a las tierras en el Nuevo Mundo. Además, hubo conflictos con las tribus. Eso causó guerras y muertes en ambos bandos.

Pero uno de los efectos más trágicos fue la propagación de enfermedades. Los europeos trajeron la viruela, el sarampión y la fiebre amarilla. Los indígenas americanos nunca habían tenido esas enfermedades. No las podían combatir. Esas enfermedades se propagaron rápidamente entre las tribus; grupos enteros morían en cuestión de días cuando contraían alguna enfermedad. Casi el 90 por ciento de los indígenas murieron a causa de estas nuevas enfermedades. Nadie sabía que ocurriría eso como resultado del encuentro de los dos mundos.

La propagación de enfermedades se dio en los dos sentidos. Pero muchos más indígenas americanos sufrieron las consecuencias. Al Viejo Mundo llegaron pocas enfermedades. Pero esos no fueron los únicos efectos negativos.

Tropas españolas luchan contra indígenas en el siglo XVI.

Esta ilustración hecha por un sacerdote español en el siglo XVI muestra a algunos aztecas enfermos de viruela.

El comercio de esclavos

Los españoles vinieron al Nuevo Mundo a hacer dinero. Montaron minas de plata y de oro. Construyeron grandes granjas llamadas **plantaciones**. Allí podían plantar muchos cultivos a la vez, por ejemplo, caña de azúcar. Luego, vendían los cultivos en su país. Pero no había suficientes colonos españoles para labrar la tierra. Por lo tanto, forzaron a los indígenas a trabajar para ellos. Los sometieron a un régimen de **esclavitud**.

Los colonos ingleses también querían esclavos. Tenían que despejar las tierras para construir granjas y casas, y así establecer sus colonias. Comenzaron a intercambiar mercancías por esclavos capturados en las guerras. Pero el trabajo duro y la propagación de enfermedades mataron a la mayoría. No había suficientes esclavos para mantener las colonias en crecimiento. Con el tiempo, los europeos comenzaron a llevar esclavos africanos a sus colonias.

Los españoles obligan a los indígenas a trabajar como esclavos en 1590.

Bartolomé de las Casas

Bartolomé era un sacerdote español. Colaboró para crear leyes que mejoraran el trato hacia los indígenas. Luchó para poner fin a la esclavitud en el Nuevo Mundo.

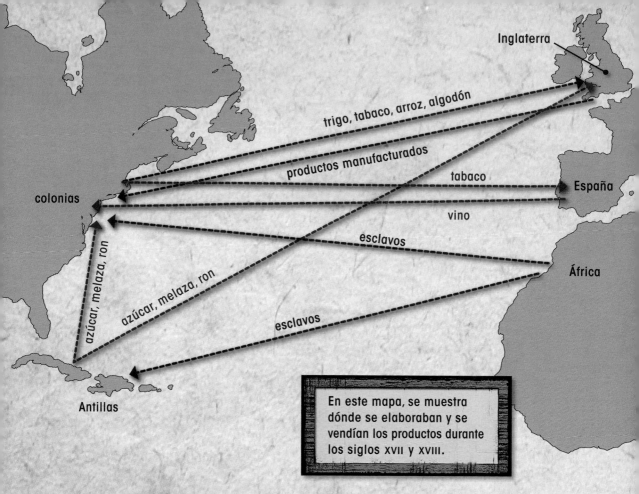

Inglaterra

trigo, tabaco, arroz, algodón

productos manufacturados

tabaco

España

colonias

vino

esclavos

azúcar, melaza, ron

azúcar, melaza, ron

África

esclavos

Antillas

En este mapa, se muestra dónde se elaboraban y se vendían los productos durante los siglos XVII y XVIII.

Los europeos tenían puestos de comercio en la costa occidental de África. Al principio, comerciaban con los africanos para obtener oro y marfil. Pero luego comenzaron a intercambiar mercancías por esclavos africanos. Con el tiempo, forzaron a más de 10 millones de africanos a subir a bordo de sus barcos. El viaje por mar era difícil. Podía tardar hasta cuatro meses. Los traficantes de esclavos encadenaban a las personas en grupos y solían obligarlas a viajar recostadas durante todo el trayecto. Muchos morían antes de llegar a América.

La mayoría de los esclavos trabajaban en las plantaciones. Hacían trabajos pesados, y las jornadas eran largas. No tenían derechos ni libertad. Con el tiempo, su situación no hizo más que empeorar. Los trataban como si fueran una propiedad, y eran vendidos a nuevos dueños. Separaban a los miembros de las familias africanas. Los niños nacidos en la esclavitud nunca llegaban a conocer la libertad. Lamentablemente, el uso de esclavos como mano de obra continuó hasta el siglo XIX.

Un grupo de europeos lleva a 20 africanos a Jamestown, Virginia, para hacerlos esclavos, en 1619.

Isla de Gorea

La isla de Gorea se encuentra cerca de la costa de África occidental. Se utilizaba como puesto de comercio de esclavos. Hoy en día, esta isla es un sitio histórico. Hay un museo que se puede visitar. Allí se puede aprender sobre el comercio de esclavos africanos.

El Nuevo Mundo hoy

Cuando el Viejo Mundo conoció el Nuevo Mundo, se produjo un choque de **culturas**. Hubo tanto efectos positivos como negativos. Y el mundo cambió para siempre. Hoy en día, el Nuevo Mundo es una combinación de personas de todo el planeta. Es un lugar complejo y de una gran **diversidad**.

El descubrimiento del Nuevo Mundo ocurrió por casualidad. El comercio fue la razón principal por la que los europeos navegaron hacia el oeste. Las nuevas rutas comerciales conectaron los países de todo el mundo. Se intercambiaron mercancías. Y también, ideas.

Se crearon nuevos bancos para prestar dinero. Los bancos también garantizaban que los pagos entre países fueran justos. El comercio creció, y más personas tenían dinero. Eso les dio la libertad de demandar ciertos productos. Pronto, se crearon las economías de mercado. Ahora, la mayoría de los productos se obtienen a través de la compra en vez del intercambio. Se compran y se venden productos en todo el mundo. Y los distintos países siguen haciendo negocios entre sí.

El Banco de Ámsterdam

Uno de los primeros bancos de Europa se creó en Ámsterdam en 1609. Estableció un estándar para el valor de cada tipo de dinero. Aceptaba monedas y daba a los clientes un crédito llamado *dinero bancario*. Así, los comerciantes podían comerciar entre sí.

¡Escríbelo!

Imagina que eres un colono inglés en el Nuevo Mundo en 1607. Acabas de llegar en barco con un grupo de colonos. Viniste para establecer una nueva colonia inglesa.

Escribe las memorias de tu viaje. Describe tus experiencias en el nuevo ambiente. ¿Cómo es el Nuevo Mundo? ¿Has visto animales nuevos o has probado alguna comida que no conocías? No olvides incluir cómo te sientes mientras exploras la nueva tierra.

Friday, Aug. 28. Fair and hot weather, the wind at south-west. In the morning at six o'clock we weighed, and steered away north twelve leagues till noon, and came to the point of the land; and being hard by the land in five fathoms, on a sudden it came into three fathoms; then we bore up and had but ten foot water, and joined to the point. Then as soon as we were over, we had five, six, seven, eight, nine, ten, twelve and thirteen fathoms. Then we found the bay to trend away north-west, with a great bay and rivers. But the bay we found shoal; and in the offing we had ten fathoms, and had sight of breaches and dry sand. Then we were forced to stand back again; so we stood back south-east by south three leagues. And at seven o'clock we anchored in eight fathoms water; and found a tide set north-west, and north-north-west, and it rises one fathom, and flows south-south-east. And he that will thoroughly discover this great bay, must have a small pinnace, that must draw but four or five foot water, to sound before him. At five in the morning we weighed, and steered away to the eastward on many courses, for the more norther land is full of shoals. We were among them, and once we struck, and we went away; and steered away to the south-east. So we had two, three, four, five, six, and seven fathoms, and so deeper and deeper.

August 29. Fair weather, with some thunder and showers, the wind shifting between the south-south-west, and the north-north-west. In the morning we weighed at the break of day, and stood towards the northern land, which we found to be the north-west. And great storms from them, and are shoal islands to our sight, and great storms from them, and are shoal three leagues off. For we coming by them, had but seven, six, five, four, three, and two and a half fathoms, and struck the ground with our rudder. Then we steered off south-west one glass, and had five fathoms. Then we steered south-east three glasses; then we found seven fathoms, and steered north-east by east, one leagues, and came to twelve and thirteen fathoms. At one

* Lord Delaware touched at this bay on his passage to Virginia in 1610, and thence was probably supposed by the English to have discovered it, so it was named from him. The earliest notice of it under the name of *Delaware* bay, which we have met, is in a letter of Captain Argall written from Virginia, in May, 1612, contained in Purchas.

Sept. 4. In the morning as soon as the day was light, we saw that it was good riding farther up. So we sent our boat to sound, and found that it was a very good harbour; and four and five fathoms, two cables length from the shore. Then we weighed and went in with our ship. Then our boat went on land with our net to fish, and caught ten great mullets, of a foot and a half long a piece, and a ray as great as four men could haul into the ship. So we trimmed our boat and rode still all day. At night the wind blew hard at the north-west, and our anchor came home, and we drove on the ooze. This day the people of the country came aboard of us, seeming very glad of our coming, and brought green tobacco, and gave us of it for knives and beads. They go in deer skins loose, well dressed. They have yellow copper. They desire clothes, and are very civil. They have great store of maize or Indian wheat, whereof they make good bread. The country is full of great and goodly oaks.

Sept. 5. In the morning as soon as the day was light, the wind ceased and the flood came. So we heaved off our ship ... d into five fathoms water, and sent our boat to sound the ... nd we found that there was three fathoms hard by the ... tra shore. Our men went on land there, and saw great ... of men, women and children, who gave them tobacco at ... coming on land. So they went up into the woods, and ... reat store of very goodly oaks, and some currants. For ... them came aboard and brought some dried, and gave me ... which were sweet and good. This day many of the ... ine aboard, some in mantles of feathers, and some in ... rious sorts of good furs. Some women also came to ... camp. They had red copper tobacco pipes, and other ... copper they did wear about their necks. At night ... ou land again, so we rode very quiet, but durst not ...

Sept. 6. In the morning was fair weather, and our ... John Colman, with four other men in our boat over ... side, to sound the other river, being four leagues ... they found by the way shoal water two fathoms ...

Glosario

civilizaciones: grupos de personas que se han organizado y desarrollado

colonias: áreas que están controladas por un país lejano o le pertenecen

colonos: personas que se establecen en un nuevo lugar

continentes: las siete grandes masas de tierra del planeta

cultivos: grupos de plantas que se producen para comer y vender

culturas: creencias y estilos de vida de diferentes grupos de personas

desconcertante: que causa confusión

diversidad: una gran cantidad de cosas diferentes

esclavitud: situación en la que una persona es propiedad de otra y es obligada a trabajar sin recibir pago a cambio

exploradores: personas que viajan a lugares desconocidos

imperios: grupos de países controlados por un solo gobernante

intercambio colombino: el intercambio de plantas, animales e ideas entre el Nuevo Mundo y el Viejo Mundo

nómadas: que no viven en un lugar fijo; que se trasladan en busca de alimento

Nuevo Mundo: el hemisferio occidental del mundo; en especial, América del Norte, América Central y América del Sur

plantaciones: grandes granjas donde se producen cultivos para ganar dinero

recursos: algo que un país tiene y puede usar para obtener riquezas

tribus: grupos de personas que hablan el mismo idioma y comparten costumbres y creencias

Viejo Mundo: el hemisferio oriental del mundo; en especial, Europa, África y Asia

Índice

¡Tu turno!

El comercio de productos

En esta imagen, los ingleses comercian con un grupo de indígenas en 1602. ¿Cómo afectó este tipo de comercio a los colonos ingleses? ¿Cómo afectó a los indígenas? Escribe un párrafo en el que compares y contrastes los efectos de este comercio en cada grupo.